AF586767

M. GNIÉDITCH

Les Lettres brûlées

COMÉDIE EN UN ACTE

Adaptation française de J.-W. BIENSTOCK

PARIS. — Ier
P.-V. STOCK, ÉDITEUR
(Ancienne Librairie TRESSE & STOCK)
155, RUE SAINT-HONORÉ, 155
Devant le Théâtre-Français

1909

LES LETTRES BRULÉES

COMÉDIE EN UN ACTE

Représentée pour la première fois, à Paris, au THÉATRE DES ARTS,
le 9 janvier 1909.

A LA MÊME LIBRAIRIE

L'Affaire Rondecuir, comédie en 1 acte, par E. Max et Eug. Leclerc. Un salon d'attente. De nos jours. 2 hommes, 1 femme. — Prix . . 1 »
Agence Matrimoniale, comédie en 1 acte, par Emile Desbeaux. Un salon en 1873. 3 hommes, 1 femme. — Prix 1.50
L'Ami Fritz-Poulet, parodie de l'*Ami Fritz* en 2 actes, par Monréal et Blondeau. De nos jours. 8 hommes, 10 femmes. — Prix . . . 1.50
A perpétuité, comédie en 1 acte, par G. Petit. Un salon. De nos jours. 3 hommes, 1 femme. — Prix. . . . . 1 »
L'Auberge de la Forêt, pochade en 1 acte, par E. Durafour. Une cour d'auberge sous Louis XV. 2 hommes, 2 femmes. — Prix . . . . 1 »
L'Automate, folie-vaudeville en 1 acte, par E. Durafour. Une salle à manger. De nos jours. 4 hommes, 1 femme. — Prix. . . . . . 1 »
Une avalanche de domestiques, folie-vaudeville en 1 acte, par E. Durafour. Une salle à manger. De nos jours. 8 hommes, 5 femmes. — Prix. 1 »
Le Bailli de vas-y-voir, folie-vaudeville en 1 acte, par Em. Durafour. Intérieur rustique. De nos jours. 2 hommes, 2 femmes. — Prix. . 1 »
Bamboula, vaudeville en 1 acte, par E. Durafour. Salle à manger. De nos jours. 2 hommes, 1 femme. — Prix . . . . 1 »
La Banquette Irlandaise, comédie en 1 acte, par Marc Sonal et V. Gréhon. Un cabinet de travail. De nos jours. 2 hommes, 1 femme. — Prix. 1.50
Les Bêtes noires du Capitaine, comédie en 4 actes, par P. Celières. De nos jours. 5 hommes, 3 femmes. — Prix. . . . . 2 »
Bobinette, vaudeville en 1 acte, par Saint-Agnan Choler. Une rue de village. De nos jours. 3 hommes, 3 femmes. — Prix 1.50
Les Brigands par amour, vaudeville en 1 acte, par G. Marot. Un salon. De nos jours. 4 hommes, 2 femmes. — Prix 1.50
La Cabine n° 9, comédie-bouffe en 1 acte, par Marc Sonal et P. Laurey. Un bureau d'attente aux bains. De nos jours. 3 h. 2 f. — Prix. 1 »
Les Cambrioleurs, drame en 5 actes, 7 tableaux, par Em. Max et Ch. Lancelin. De nos jours. 14 hommes, 4 femmes. — Prix . . . . . . 2 »
Carmagnol, drame en 5 actes, par Emile Max et Eug. Leclerc. De nos jours. 9 hommes, 6 femmes. — Prix . . . . 2 »
Ce bon Cyprien, vaudeville en 1 acte, par Marc Sonal. Un salon. De nos jours. 2 hommes, 1 femme. — Prix . . . . 1 »
C'est le professeur, comédie en 1 acte, par G. Maquis et Alf. Bertinot. Un salon de village. De nos jours. 4 hommes, 2 femmes. — Prix. . 1 »
La Chambre des baisers, pièce en 3 actes, par Marc Sonal. De nos jours. 8 hommes, 5 femmes. — Prix. . . . . 2 »
Charge-toi d'Aglaé, vaudeville en 1 acte, par Marc Sonal. Un salon. De nos jours. 2 hommes, 2 femmes. — Prix 1.50
Charlotte et Nicaise, comédie-vaudeville en 1 acte, par G. Marot. Un salon. De nos jours. 1 homme, 1 femme. — Prix. . . . . 1 »
Le Client de Campagnac, comédie en 1 acte, par G. Petit. Un cabinet de travail. De nos jours. 4 hommes, 2 femmes. — Prix . . . . . . 1 »
Les deux Cousins, folie-vaudeville en 1 acte, par Em. Durafour. Un salon. De nos jours. — 2 hommes, 2 femmes. — Prix . . . . . . 1 »
La Dinette, drame en 1 acte, par Marc Sonal. Une garçonnière. De nos jours. 1 homme, 1 femme. — Prix . . . . 1 »
Les Environs de Paris, vaudeville en 4 actes, 8 tableaux, par Blondeau et Monréal. De nos jours. 11 hommes, 14 femmes. — Prix . . . . 2 »

PERSONNAGES

ORESTE OLKOVSKY..........	MM.	BABY.
IVAN ALEXIEF..............		SAUBIAC.
ZINA LUBOMIRSKY..........	Mmes	HÉLÈNE FLORISE.
UNE FEMME DE CHAMBRE...		LILIANE MARGYL.

LES

LETTRES BRULÉES

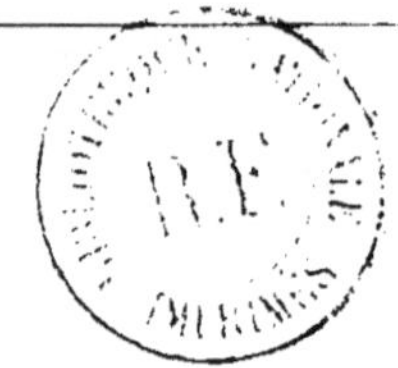

Un salon. A droite, haute cheminée. Devant la cheminée, fauteuils et guéridon. A gauche, deux fenêtres : entre les fenêtres un piano. Il fait sombre. L'éclairage principal vient de la cheminée, dont la flamme éclaire d'une lumière rouge les personnages. Sur le guéridon, une lampe. Au fond, deux portes.

SCÈNE PREMIÈRE

LA FEMME DE CHAMBRE arrange le feu. De la porte de droite entrent MADAME LUBOMIRSKY et son oncle, MONSIEUR OLKOVSKY.

MADAME LUBOMIRSKY.

On nous servira le café ici. Oncle, vous aimez l'obscurité ?

OLKOVSKY.

Pourquoi pas, après un bon dîner ? Et le tien était vraiment réussi. Cela t'est resté de ton défunt ?

MADAME LUBOMIRSKY.

Qu'est-ce qui m'est resté ?

OLKOVSKY.

L'art de composer un menu... Oh ! c'est un art tout particulier ; ce n'est pas si simple qu'on le croit.

MADAME LUBOMIRSKY.

Dans ce cas, tous vos compliments reviennent au cuisinier. Je lui donne l'argent, et le reste le regarde.

OLKOVSKY.

C'est dommage... Tu possèdes alors un talent de moins.

MADAME LUBOMIRSKY.

En ai-je donc beaucoup ?

OLKOVSKY.

Toi ?... Une quantité.

La femme de chambre sort.

MADAME LUBOMIRSKY, *rit.*

Oh ! mon oncle, vous êtes vraiment drôle aujourd'hui ! C'est vous-même qui vous êtes invité à dîner...

OLKOVSKY.

Est-ce que cela te déplaît !

MADAME LUBOMIRSKY.

Loin de là... Mais aujourd'hui vous n'êtes pas comme à l'ordinaire, vous semblez avoir quelque chose à me dire sans pouvoir vous y décider... Pendant le dîner vous m'avez fait un tas de compliments ; vous m'avez dit que je suis jolie, intelligente, spirituelle, etc., en un mot, la perfection... Oh !

Je pressens quelque chose. Mon oncle, vous êtes un mauvais diplomate, toutes vos ruses sont cousues de fil blanc. Allons, avouez! De quoi s'agit-il ?

OLKOVSKY.

Oh! les femmes! quel flair!...

MADAME LUBOMIRSKY.

Alors j'ai deviné! Eh bien! parlez!

OLKOVSKY.

Tu crois que c'est facile ?

MADAME LUBOMIRSKY.

Auriez-vous donc à me dire une chose terrible ?

OLKOVSKY.

Terrible, non... mais délicate. J'ai assumé une tâche qui ne me va pas du tout. Mais tant pis... J'irai droit au but.

MADAME LUBOMIRSKY.

A la bonne heure!

OLKOVSKY.

Vois-tu... (Il s'arrête.) Chez toi on sert les liqueurs avec le café ?

MADAME LUBOMIRSKY.

Ah! c'est vrai, elle a oublié.

OLKOVSKY.

Je suis habitué au petit verre... Eh bien! voici... Dis-moi, pourquoi es-tu toujours en noir ?

MADAME LUBOMIRSKY, étonnée.

Parce que je suis en deuil. Il n'y a pas encore un an que j'ai perdu mon mari.

OLKOVSKY.

Non! C'est juste... Eh bien! dis-moi... Comptes-tu porter ces sombres vêtements jusqu'à ton dernier jour ?

MADAME LUBOMIRSKY.

Pourquoi cette question !

OLKOVSKY.

C'est-à-dire... Enfin... Seras-tu capable d'oublier ton mari ?

MADAME LUBOMIRSKY.

Oublier ?... Non... Mais le noir ne me va pas.

OLKOVSKY.

Parfait. Alors nous sommes d'accord. Ton défunt n'était pas le mari qu'il te fallait... Non...

MADAME LUBOMIRSKY.

Mais mon oncle, n'était-ce pas vous qui m'aviez conseillé de l'épouser ?...

OLKOVSKY.

Oui, sans doute... Tu as maintenant une belle fortune... Mais je l'avoue, il était trop vieux pour toi... Durant ces trois années de ton mariage tu as vécu comme au pôle Nord... Maintenant, il te faut autre chose...

MADAME LUBOMIRSKY.

Une passion africaine ! Eh ! Eh ! mon oncle, auriez-vous quelque Maure de Venise à me proposer ?

OLKOVSKY.

Tu as deviné. Je suis venu chez toi, précisément pour présenter la cause d'un de tes plus fidèles adorateurs...

MADAME LUBOMIRSKY.

Mais, mon oncle, parmi mes adorateurs je ne connais pas d'Africain...

OLKOVSKY.

Africain!... Africain!... Tu penses que c'est très spirituel? Je ne viens pas te proposer un Africain, mais un Allemand, un bel Allemand, le baron Von Boek... Quoi!... Est-ce qu'il ne te plaît pas? Beau garçon, riche, une brillante situation aux Affaires étrangères, et amoureux fou... Tu sais que la comtesse Lopoukine serait ravie de l'avoir pour gendre. Mais lui ne veut rien entendre: il n'aime que toi... Je sais beaucoup de choses... il m'a fait ses confidences... (Entre la femme de chambre apportant le café.) Il m'a avoué... Un peu de cognac... Il m'a dit tout...

MADAME LUBOMIRSKY.

Il vous a dit quoi?

La femme de chambre sort.

OLKOVSKY.

Combien il est épris de toi... Et il a même pleuré... J'en ai été tout secoué... J'ai essayé de le consoler... et... il m'a supplié de te parler pour lui... d'arranger les choses... Ah! C'est pour la première fois que j'ai vu comment pleurent les barons.

MADAME LUBOMIRSKY.

Ont-ils une façon particulière?

OLKOVSKY.

Et quel parfum sur son mouchoir... Un parfum... très fort... Et si tu savais comme il est amoureux de toi, jusqu'à la folie... Je suis si fou d'amour, m'a-t-il dit, que je puis à peine écrire un rapport par jour, tandis qu'auparavant il m'arrivait d'en faire trois, quatre... Voilà jusqu'où tu l'as amené.

MADAME LUBOMIRSKY.

Je pense qu'il s'y est amené lui-même...

OLKOVSKY.

Je pourrais dire qu'il est prêt au suicide, si les gens de sa race étaient capables de se suicider... Mais tiens, pour te donner une idée de la passion que tu lui as inspirée, figure-toi que lui qui est si... je ne dis pas avare..., mais économe... eh bien! il m'a invité à souper, hier, et quel souper! Nous avons bu à nous deux quatre bouteilles de Pommard.

MADAME LUBOMIRSKY.

Et c'est après le souper qu'il a pleuré ?...

OLKOVSKY.

Non, avant. Après le souper, il m'a dit : Si tout s'arrange, je vous ferai cadeau d'un magnifique trotteur...

MADAME LUBOMIRSKY, se levant.

Ah! Voilà pourquoi vous prenez cette peine!...

OLKOVSKY.

Oh! comment peux-tu penser... Je te jure que ce n'est pas pour le cheval, c'est pour toi... Mais assieds-toi donc, je n'aime pas qu'on fasse la navette devant mes yeux. Je t'en prie, assieds-toi.

MADAME LUBOMIRSKY, s'asseyant.

Eh bien ?

OLKOVSKY.

Ta situation de jeune veuve, sans parents, est délicate... On te fera la cour, on clabaudera... Tu n'as pas même une vieille parente quelconque, pour te servir de chaperon, et rester assise dans un coin à tricoter... Il te faut un mari...

MADAME LUBOMIRSKY.

Je vous avouerai franchement, mon oncle, que c'est également mon avis.

OLKOVSKY.

Ça, c'est très bien.

MADAME LUBOMIRSKY.

Mais ce baron... En somme je le connais à peine... Je ne puis donc rien vous promettre avant d'avoir fait plus ample connaissance avec lui.

OLKOVSKY.

C'est juste. Il m'a supplié d'obtenir de toi que tu le reçoives dans la soirée. Les visites dans la journée lui paraissent trop officielles... il voudrait être reçu avec plus d'intimité... Il m'attend... D'ici, je vais directement chez lui...

MADAME LUBOMIRSKY.

Eh bien! dites-lui que je lui permets de venir le soir.

OLKOVSKY.

Ce soir ?

MADAME LUBOMIRSKY.

S'il veut.

OLKOVSKY.

C'est parfait. J'irai au club et te l'enverrai... Ainsi, tu seras baronne...

MADAME LUBOMIRSKY.

Oh! vous allez trop vite... Je dois d'abord voir qui il est.

OLKOVSKY.

C'est un brave homme, très bon.

MADAME LUBOMIRSKY.

Il vous a promis un trotteur...

OLKOVSKY.

La petite peste! (Il met ses gants.) Moi! Je te conseille de l'épouser. C'est un beau parti... Tiens, tiens, j'y pense... On vous dérangera peut-être, ce soir... J'avais une visite à t'annoncer...

MADAME LUBOMIRSKY.

Qui ?

OLKOVSKY.

Alexief.

MADAME LUBOMIRSKY, bondissant.

Alexief ! Il est de retour ?

OLKOVSKY.

Il vient d'arriver.

MADAME LUBOMIRSKY.

Où l'avez-vous vu ? Quand ?

OLKOVSKY.

Comme je montais l'escalier pour venir chez toi. Lui-même allait dîner chez une de ses parentes qui habite l'étage en dessous. Il me demanda qui je connaissais dans cette maison, si c'était sa parente ? et je lui répondis que je venais chez toi, que tu habites aussi cette maison, etc. Alors, m'a-t-il dit, prévenez votre nièce que j'irai lui présenter mes hommages, après le dîner, nous étions amis, autrefois, elle me pardonnera mon indiscrétion.

MADAME LUBOMIRSKY, marchant nerveusement.

Il est ici ? ici !

OLKOVSKY.

Mais qu'as-tu ? Si cette visite t'ennuie, donne l'ordre de ne pas le recevoir.

MADAME LUBOMIRSKY, s'approchant de son oncle.

Mon oncle, mon oncle, il est ici !...

OLKOVSKY, lui prenant la main.

Et après, pourquoi t'agiter ainsi ?...

MADAME LUBOMIRSKY.

Ah ! si vous saviez !

OLKOSVKY.

Quoi ? Parle raisonnablement.

MADAME LUBOMIRSKY.

Posez votre chapeau et asseyez-vous... j'ai quelques mots à vous dire.

OLKOVSKY, inquiet

Voyons, qu'y a-t-il ?

Il s'assoit près du piano.

MADAME LUBOMIRSKY, appuyée au piano, reste debout devant lui.

Rappelez-vous comment Alexief était reçu à la maison ; combien tous l'aimaient.

OLKOVSKY.

Et toi de ce nombre ?

MADAME LUBOMIRSKY.

Vous savez que nous avons été *presque* fiancés.

OLKOVSKY.

Je sais, je sais... et tu as ma foi fort bien fait de renoncer à lui.

MADAME LUBOMIRSKY.

Vous et maman insistiez tellement... Tous deux vous désiriez tant me voir épouser Lubomirsky... Puis Alexief partit en mission... et tout fut fini entre nous... Mais il a gardé mes lettres.

OLKOVSKY.

Des lettres ?

MADAME LUBOMIRSKY.

Nous nous écrivions. Oh! mes lettres ne renfermaient rien de bien extraordinaire, cependant je suis contrariée qu'elles soient restées entre ses mains... surtout maintenant. Je voudrais qu'il me les rendît... Il est probable que je me remarierai et l'existence de cette correspondance est parfaitement inutile.

OLKOVSKY.

D'accord!

MADAME LUBOMIRSKY.

Dites-moi, ai-je le droit d'exiger qu'il me rende ces lettres?

OLKOVSKY.

Hum!... C'est une question très délicate... Un jour, une dame me pria de lui rendre une lettre. Je lui demandai : Peut-on en prendre la copie? Oui, me dit-elle, alors je lui ai rendu sa lettre, mais pas avant d'en avoir fait prendre une copie notariée.

MADAME LUBOMIRSKY.

Vous plaisantez toujours.

OLKOVSKY.

Mais demande-lui tout simplement de les détruire... Alexief est un galant homme, tu peux te fier à lui.

MADAME LUBOMIRSKY.

Bien, merci... je le lui demanderai.

SCÈNE II

LES MÊMES, LA FEMME DE CHAMBRE, puis ALEXIEF.

LA FEMME DE CHAMBRE, *annonçant.*

M. Alexief !

OLKOVSKY.

Quand on parle du loup... Tu le recevras ?

MADAME LUBOMIRSKY.

Oui. Mais restez ici, mon oncle. Je reviens tout de suite.

OLKOVSKY.

Eh ! Pourquoi un pareil trouble ? Il y a peut-être bel âge qu'il a jeté tes lettres dans l'Océan Indien.

MADAME LUBOMIRSKY.

Faites entrer. (*La femme de chambre sort.*) Alors, mon oncle, vous arrangerez...

OLKOVSKY.

A propos du baron? Oui, oui, sois tranquille... j'arrangerai...

MADAME LUBOMIRSKY.

Je reviens à l'instant.

Elle sort par la porte de droite.

OLKOVSKY, *regardant sa montre.*

Il est temps... Mais il m'attendra... Il me semble que le trotteur est à moi...

ALEXIEF, *en uniforme d'officier de marine.*

Ah ! de nouveau, bonjour. Je ne suis pas trop indiscret ? Pourrai-je voir votre nièce ?

OLKOVSKY.

Oui, oui... Elle va venir. Ma parole, vous avez embelli... plus solide...

ALEXIEF.

Il y a déjà trois ans que nous ne nous sommes vus, cher monsieur... Et chez vous que d'événements... Madame Lubomirsky est veuve...

OLKOVSKY.

Et même songe déjà à se remarier.

ALEXIEF, troublé.

Ah ! Déjà ! Avec qui ?

OLKOVSKY.

Oh ! vous savez, rien n'est encore décidé... Il est question du baron Von Boek...

ALEXIEF, fronçant les sourcils.

Lui, est-ce possible... cet imbécile !...

OLKONSKY.

C'est un très brave garçon... Une carrière splendide...

ALEXIEF.

Le choix de madame Lubomirsky m'étonne.

OLKOVSKY.

Ne vous étonnez pas... C'est moi qui l'ai choisi.

SCÈNE III

LES MÊMES, MADAME LUBOMIRSKY.

ALEXIEF, s'approche rapidement de madame Lubomirsky et lui baise la main.

Bonjour madame... Il y a longtemps, bien longtemps, que nous ne nous sommes vus.

MADAME LUBOMIRSKY.

Oui, plus de trois ans...

ALEXIEF.

Et... vous n'êtes pas du tout changée, toujours la même...

OLKOVSKY.

Diable ! Il faut que je parte. (Il baise la main de sa nièce. Bas.) Expédie-le vite, je vais t'envoyer le baron. (Haut.) Au revoir mon cher... Ne trouves-tu pas, Zina, qu'il a embelli... Il a dû en faire des conquêtes, sur mer...

ALEXIEF.

Des conquêtes ?

OLKOVSKY.

Oh ! pas en pleine mer, naturellement, mais aux escales. Ah ! on ne devait pas s'y ennuyer. Eh ! Eh !...

SCÈNE IV

MADAME LUBOMIRSKY et ALEXIEF.

MADAME LUBOMIRSKY.

Asseyez-vous. (Elle s'assoit près de la cheminée.) Alors c'est vrai ce que dit mon oncle : vous avez fait beaucoup de conquêtes ?

ALEXIEF.

Hélas ! Pas une... Mais c'est vous, plutôt, qui en avez fait des conquêtes...

MADAME LUBOMIRSKY.

Moi ?

ALEXIEF.

Vous vous remariez ?

MADAME LUBOMIRSKY.

Eh bien ! me trouvez-vous donc si vieillie..

ALEXIEF.

Je vous trouve toujours aussi exquise,... le même charme... le même parfum... tout à l'heure, quand vous êtes entrée, j'ai crû revivre le temps passé, si bon, si heureux...

MADAME LUBOMIRSKY.

Est-ce que maintenant vous êtes malheureux?

ALEXIEF.

Pas malheureux, mais... Est-ce vrai que vous allez vous remarier ?

MADAME LUBOMIRSKY.

Oui.

ALEXIEF.

C'est décidé ?

MADAME LUBOMIRSKY.

Oui.

ALEXIEF.

Avec le baron ?

MADAME LUBOMIRSKY, riant.

Ah ! mon oncle vous a dit ?...

ALEXIEF.

Oui, c'est lui.

MADAME LUBOMIRSKY.

Je suis très heureuse de vous voir. J'ai à vous parler d'une chose très sérieuse... Puisque vous-même avez entamé la question de mon mariage,... cela m'aidera... à vous adresser une demande... Vous avez mes lettres ?

ALEXIEF.

Oui.

MADAME LUBOMIRSKY.

Vous les avez conservées ?

ALEXIEF.

Oui.

MADAME LUBOMIRSKY.

Quel besoin en avez-vous ?... Mais si elles sont intactes, tant mieux... Rendez-les moi.

ALEXIEF.

Pourquoi cela ?

MADAME LUBOMIRSKY.

Elles peuvent me compromettre.

ALEXIEF.

C'est-à dire que vous me croyez capable d'en user dans un but quelconque ?

MADAME LUBOMIRSKY.

Oh ! Non ! Mais elles pourraient par hasard tomber en des mains étrangères et...

ALEXIEF.

Elles ne tomberont jamais en aucune main.

MADAME LUBOMIRSKY.

Mais si je vous le demande. Vous est-il donc si difficile de vous en séparer ?

ALEXIEF.

... Oui... très difficile.

MADAME LUBOMIRSKY.

Vous me rendriez un grand service...

ALEXIEF, après hésitation.

Si vous y tenez tant.

MADAME LUBOMIRSKY.

Et le plus tôt sera le mieux.

ALEXIEF.

Tout de suite si vous voulez.

Il tire de son portefeuille une liasse de lettres.

MADAME LUBOMIRSKY, avec un cri contenu.

Comment ! Vous les avez sur vous ?

ALEXIEF, d'un ton négligent.

En voyage je porte tous mes papiers sur moi... Je ne suis arrivé qu'hier de Cronstadt et mes malles ne sont pas encore défaites...

MADAME LUBOMIRSKY.

Est-ce que vous comptez mes lettres parmi vos papiers ?

ALEXIEF.

Un peu... Ce sont les procès-verbaux d'événements passés depuis longtemps, certifiés par les signatures... (Il délie la liasse.) Je suis curieux de savoir ce que vous en ferez ?

MADAME LUBOMIRSKY.

Je les détruirai. Ce sera la meilleure chose pour nous deux.

ALEXIEF.

Moi je suis tout à fait tranquille.

MADAME LUBOMIRSKY, sans l'écouter.

Le mieux sera de jeter tout cela au feu, tout de suite, dans la cheminée... Je vous charge de l'autodafé.

Silence.

ALEXIEF.

Soit... Il en sera fait comme vous le désirez. Mais, service pour service... Faites-moi un petit plaisir... Au criminel, avant le supplice, on octroye certaines faveurs.

MADAME LUBOMIRSKY.

Dites.

ALEXIEF.

Permettez-moi de relire les lettres avant de les brûler.

MADAME LUBOMIRSKY.

Si vous voulez.

ALEXIEF.

Mais à haute voix..

MADAME LUBOMIRSKY.

Pourquoi cela ?

ALEXIEF.

Je le désire.

MADAME LUBOMIRSKY.

Eh bien! lisez. Voulez-vous du café ?

ALEXIEF.

Non, merci.

MADAME LUBOMIRSKY.

Y voyez-vous suffisamment ?

ALEXIEF.

Très bien. (Il s'approche de la lumière posée sur la table.) Alors je commence.

MADAME LUBOMIRSKY.

Si vous voulez.

ALEXIEF, lit.

« Cher monsieur. Maman vous demande de venir dîner avec nous demain. J'espère que vous ne refuserez pas. Zina Petrof ».

MADAME LUBOMIRSKY.

C'est tout ?

ALEXIEF.

C'est tout.

MADAME LUBOMIRSKY.

Vous pouvez conserver cette lettre.

ALEXIEF.

A quoi bon. Il faut brûler... brûler tout (Il jette la lettre au feu. Silence.) C'était votre première lettre, c'est pourquoi je l'avais conservée.

MADAME LUBOMIRSKY.

Alors, pourquoi n'avez-vous pas voulu la garder ?

ALEXIEF.

C'est inutile.

MADAME LUBOMIRSKY.

Continuez.

ALEXIEF, lit.

« Vous nous avez tout à fait oubliés. Je m'ennuie beaucoup... Apportez des livres. Nous bavarderons ». Faut-il jeter ? (Madame Lubomirsky fait un signe de tête affirmatif. Il jette la lettre.) « Je vous hais... »

MADAME LUBOMIRSKY.

Oh ! oh !

ALEXIEF.

C'est un peu vif. « Je vous hais... De quel droit vous êtes-vous permis, hier, de saisir mes mains et de les embrasser. Vous avez profité de ce qu'il n'y avait personne au salon. C'est malhonnête et lâche. Je vous hais ! Maman vous invite à venir dîner aujourd'hui, et elle m'a chargée de vous écrire. Mais sachez que je prétexterai la migraine et ne viendrai pas à table. » Cependant vous êtes venue...

MADAME LUBOMIRSKY.

C'est vrai ?

ALEXIEF.

Oui. Et le lendemain, je reçus le petit billet que voici : « Si, hier... » Ah ! pardon ! J'ai oublié de jeter la lettre au feu. (Il jette la lettre.) « Si hier je n'ai pas tenu ma promesse et suis venue à table, c'est que j'espérais que vous trouveriez l'occasion de vous excuser pour ce qui s'était passé la veille.

Eh quoi ? Vous n'avez pas dit un mot. Non seulement je vous hais : je vous méprise ! »

Il jette la lettre au feu.

MADAME LUBOMIRSKY.

Comme toutes ces missives sont brèves !

ALEXIEF, *ouvre une autre lettre.*

« Mon chéri, mon bien-aimé ! »

MADAME LUBOMIRSKY.

Quoi !

ALEXIEF, *calme.*

« Mon chéri, mon bien-aimé ».

MADAME LUBOMIRSKY.

Quand cette lettre fut-elle écrite ?

ALEXIEF.

Le lendemain. Le revirement est un peu brusque ; mais cela ne fait rien : « Mon chéri, mon bien-aimé. »

MADAME LUBOMIRSKY.

Vous l'avez déjà lu deux fois.

ALEXIEF.

« ... Que je suis heureuse ! La journée d'hier a décidé de mon sort. Tu ne peux t'imaginer mon bonheur, ma joie !... Je suis toute à toi... » (*Madame Lubomirsky marche nerveusement.*) « Ne cesse pas de m'aimer, et quant à moi je t'aimerai toujours, toujours... »

MADAME LUBOMIRSKY.

Cette lettre est encore longue ?

ALEXIEF.

Assez. Faut-il continuer ?

MADAME LUBOMIRSKY.

Continuez.

ALEXIEF.

« ... Je t'aimerai toujours, toujours... Méchant! Pouvait-on s'approcher ainsi, me saisir la tête et m'embrasser... » Vous vous rappelez... C'était dans le petit salon. Vous étiez assise au piano et jouiez...

MADAME LUBOMIRSKY, continuant à marcher.

Oui, oui, je me rappelle...

ALEXIEF.

Je regardais votre tête, votre nuque, votre visage si joli, et tout à coup, une telle ivresse m'a saisi, que sans même me rendre compte de ce que je faisais, je me suis approché de vous,... j'ai pris votre tête...

MADAME LUBOMIRSKY, impatiemment.

Je me rappelle... Il n'y a rien de plus dans la lettre ?

ALEXIEF.

J'entends jusqu'à présent, ce motif... et comme vous le jouiez bien...

MADAME LUBOMIRSKY.

Terminez la lettre.

ALEXIEF.

« ... Comme je suis heureuse que tu sois à moi. Viens à la maison chaque jour, je ne puis vivre sans toi. Au revoir mon aimé, mon adoré. Zina. » Faut-il la jeter aussi ?

MADAME LUBOMIRSKY.

Oui.

ALEXIEF, jette la lettre et en prend une autre.

« Mon cher Ivan. Mon oncle m'apprend que tu es

chargé d'une mission. Ne peux-tu éviter ce voyage... (Elle s'approche du piano et plaque quelques accords. Alexief s'arrête et la regarde.) Pourquoi jouez-vous ce motif ?

MADAME LUBOMIRSKY, s'éloigne du piano.

J'ai voulu voir si je ne l'avais pas oublié. Continuez.

Elle s'assoit

ALEXIEF.

« ... Eviter ce voyage... l'ajourner... Est-ce que tu partiras ainsi ?... Nous séparerons nous ? Mon bien-aimé pourquoi laisses-tu ta Zina » ? Faut-il jeter ?

MADAME LUBOMIRSKY.

Oui.

ALEXIEF.

Je me rappelle que je vous ai répondu à cette lettre : « Ma chère Zina, je ferai tout ce que tu voudras... »

MADAME LUBOMIRSKY.

Pas vrai, pas vrai. Vous n'avez jamais osé me tutoyer.

ALEXIEF.

Non, précisément, je vous ai écrit en vous tutoyant.

MADAME LUBOMIRSKY.

Je vous dis que non.

ALEXIEF.

Vous avez oublié.

MADAME LUBOMIRSKY.

Oublié ! Moi ! Quelle idée ! (Elle s'approche rapidement d'un petit meuble et prend une liasse de lettres, d'où elle en tire une.) Vous allez voir ; vous allez voir que c'est vous qui faites erreur. (Elle lit.) « Ma chère petite Zina. Tout ce que vous désirez sera fait. Votre désir est pour moi la loi. Dites un mot, je donne ma démission et envoie au diable la carrière. »

ALEXIEF.

Est-ce que vous avez conservé toutes mes lettres ?

MADAME LUBOMIRSKY, un peu confuse.

Vous voyez que j'avais raison.

Elle veut fermer le coffret.

ALEXIEF.

Permettez. Est-ce que vous brûlerez aussi mes lettres ?

MADAME LUBOMIRSKY, après une courte hésitation.

Sans doute... Et même sans les relire... (Elle jette toute la liasse dans la cheminée.) Regardez quelle belle flamme gaie. Vos lettres brûlent mieux que les miennes. Vous y aviez mis sans doute plus de chaleur... et maintenant... il n'y a plus que des cendres...

ALEXIEF, pensivement.

Pourquoi les avoir gardées trois ans, et aujourd'hui les jeter au feu.

MADAME LUBOMIRSKY.

A vrai dire, je les avais complètement oubliées.

ALEXIEF.

Ah ! c'est pourquoi ? Faut-il continuer ?

MADAME LUBOMIRSKY.

Continuez.

ALEXIEF, prenant les lettres.

J'en passe quelques-unes. (Il jette cinq ou six lettres au feu.) Voici la première lettre que je reçus de vous après mon départ : « Mon bien-aimé, ma tristesse croît de jour en jour, et ton absence me devient de plus en plus pénible. Pourquoi nous sommes-nous rencontrés si nous devions être séparés ensuite. Je m'ennuie! je souffre! Et le pire c'est que je ne vois pas quand le sort nous réunira de nouveau... C'est pourquoi j'ai tant pleuré en te quittant. J'ai senti que je te perdais... que je te perdais peut-être pour toujours... Ne te fâche pas, mon ami, de ces sombres pensées. Toi-même m'as demandé de t'écrire ce que me dictera mon cœur. Je pleure notre rêve radieux... T'aimer, t'aimer, c'est ma seule pensée et crois que je n'appartiendrai jamais à d'autre qu'à toi ». Faut-il jeter?

MADAME LUBOMIRSKY.

Comme vous voudrez.

ALEXIEF.

Et six mois plus tard, vous étiez mariée.

MADAME LUBOMIRSKY.

Oui... Eh bien?

ALEXIEF.

« ... Je n'appartiendrai jamais à d'autre qu'à toi ».

MADAME LUBOMIRSKY, avec animation.

Mais comprenez donc que je ne pouvais agir autrement : ma mère était mourante... Elle était terrifiée à la pensée de me laisser seule à la charge de mon hurluberlu d'oncle, et elle m'a supplié d'épouser Lubomirsky. J'ai pleuré, prié... mais je voyais sa vie s'éteindre de jour en jour. Vous étiez loin, très loin... Pas de lettres, rien... Que pouvais-je faire? C'est ma mère qui m'avait supplié de ne pas entraver votre carrière, de vous laisser partir, et c'est elle aussi qui m'a supplié d'épouser un autre...

Pensez donc combien j'ai souffert et ce que j'ai dû supporter...

Elle pleure.

ALEXIEF.

Cependant vous vous êtes faite à cette vie.

MADAME LUBOMIRSKY.

Moi ? Qui vous l'a dit ?... Etait-ce une vie ?... l'étourdissement, une sorte de délire maladif...

ALEXIEF.

Mais maintenant c'est passé... Calmez-vous, calmez-vous... Ecoutez-moi... Pourquoi nos rêves ne se réaliseraient-ils pas maintenant... Toute la vie est encore devant nous. Nous sommes encore jeunes, indépendants tous deux. Que faut-il de plus pour le bonheur ? Zina, ne voulez-vous pas que nous soyons heureux ?

SCÈNE V

LES MÊMES, LA FEMME DE CHAMBRE.

LA FEMME DE CHAMBRE.

M. le Baron Von Boek!

ALEXIEF.

Ah! C'est lui ?

MADAME LUBOMIRSKY.

Dites que je suis souffrante et ne peux recevoir.

La femme de chambre sort.

ALEXIEF, étonné.

Vous êtes souffrante ?...

MADAME LUBOMIRSKY.

Oui... un peu... Je ne puis voir personne.

ALEXIEF.

Vous voulez que je me retire ?

MADAME LUBOMIRSKY, elle s'assied au piano, reprend le motif de tout à l'heure.

Restez.

Il la regarde longuement, ensuite s'approche, lui prend la tête et l'embrasse.

Rideau.

Imprimerie Générale de Châtillon-sur Seine. — A. Pichat.

Imprimerie Générale de Châtillon-sur-Seine. — A. PICHAT.

www.ingramcontent.com/pod-product-compliance
Lightning Source LLC
LaVergne TN
LVHW052014160826
845678LV00003B/1054

* 9 7 8 2 3 2 9 6 4 6 4 3 5 *